LE DANGER DES RÉVOLUTIONS,

OU BIEN

EN TOUT C'EST LA FIN QU'IL FAUT VOIR;

PAR J.-B.-A. F.....

A PARIS,

CHEZ CHARLES, IMPRIMEUR, RUE DAUPHINE, N° 36.

1814.

LE DANGER

DES RÉVOLUTIONS,

OU BIEN

EN TOUT C'EST LA FIN QU'IL FAUT VOIR.

TELLE dut être dans tous les temps la maxime du sage, celle du législateur chargé de donner des lois au monde, celle des rois pour régner et des généraux pour commander; elle doit l'être aussi du cultivateur dans ses utiles travaux, du négociant dans ses opérations commerciales, de l'artiste dans la carrière qu'il parcourt, enfin, de toutes les classes de la société. Ce principe, reconnu et suivi, offre avec lui tous les avantages propres à assurer le bonheur des nations, comme de chacun de ceux qui les composent.

Si nous sommes loin d'en jouir de ce bonheur, c'est, parce qu'oubliant ce même principe, nous nous en sommes trop souvent éloignés.

Des lois déjà anciennes existaient dans l'Etat; nos pères avaient vécu paisiblement pendant des siècles en invoquant leur appui, elles nous avaient été transmises par eux, nous eussions dû les respecter, mais l'oubli de nos devoirs a jeté au milieu de nous cet esprit de vertige qui nous a entraînés vers notre perte: nous vîmes d'abord une route qui nous semblait agréable à suivre; les plus clairs-voyans nous montraient les précipices dont elle était bordée; mais sans nous embarrasser des dangers ni du terme du voyage, nous entreprîmes follement la course: Ne portons pas exclusivement nos regards sur les maux que nous avons éprouvés; mais portons-les aussi sur la cause principale qui les fit naître; cette cause est l'impiété, car le sentiment qui lui est opposé, en nous prescrivant nos devoirs, défend expressément de nous en écarter.

Ainsi le chef de l'Etat gouverne par les lois, le sujet en se conformant à la première de celles que sa condition lui impose, ne s'érige point en législateur; tranquille au sein de sa famille, il n'a point à craindre l'arbitraire. Il n'est atteint par le pouvoir, fort de sa justice, qu'alors qu'il s'y expose par des clameurs mal fondées.

Qu'est-ce en effet qu'une nation qui, long-temps connue par son respect pour la religion, son attachement à ses lois, sa tranquillité intérieure et son urbanité envers l'étranger, renonce tout-à-coup à des qualités si précieuses et si propres à faire son bonheur ? Qu'est-ce encore qu'une nation qui abandonne les avantages réels que lui offrent la paix, l'agriculture, les sciences et les arts, renonce à tout pour courir après de vaines chimères ? Qui donc a pu opérer un tel renversement dans les idées, n'est-ce pas l'ambition et l'orgueil ? Presque toujours ce dernier vice accompagne le premier. Il est si rare que celui qui envie un emploi ne trouve en lui toutes les qualités nécessaires pour le bien remplir alors même qu'il n'en possède aucune. Voilà une des causes de nos malheurs, et c'est en remontant à cette source que nous pourrons puiser de grandes leçons.

Rappelons-nous ces époques désastreuses, où la tribune ouverte à tous, présentait à chacun un champ libre, où l'on pouvait impudemment outrager la religion, la morale et la politique ; nourris de grossières erreurs et n'échappant à l'une que pour tomber dans une autre, quelles furent alors nos destinées !.. Mais sans nous arrêter ici à des temps si éloignés, et qui font notre désespoir, occupons-nous plutôt du présent dont la leçon peut nous être si utile, et songeons à l'avenir.

Si les maux de notre patrie sont grands, si nous en cherchons la cause, les effets nous démontrent évidemment que c'est l'ambition et l'orgueuil qui nous ont perdus; aveugles que nous étions, les maux s'accumulaient sur nous et comme accoutumés à un si horrible fardeau, nous le supportions sans apercevoir qu'il allait nous écraser. Enfin, c'est lorsque le mal est à son comble que nous voyons toute la profondeur de l'abîme, et il ne nous reste pas même l'espoir d'échapper aux dangers qui nous menacent.

Invoquerons-nous la providence, nous, qui tant de fois l'avons outragée dans un temps, en niant son existence, dans un autre, en proclamant que c'était elle qui dirigeait ces horribles événemens que l'on disait si glorieux, et dont les résultats sont si loin de l'être. Ne l'avons-nous pas accusée ensuite d'avoir varié dans ses décrets comme les hommes dans leurs téméraires desseins, cependant tout n'annonce-t-il point au contraire que, dans sa marche, la providence n'a qu'un but et qu'elle ne s'en écarte jamais. Les astres ne brillent-ils pas sans interruption depuis le jour qu'ils ont été créés, les saisons en se succédant ne nous ramenent-elles pas comme à nos ancêtres, comme à ceux qui viendront après nous, les fleurs du printemps, les fruits de l'été, ceux de l'automne et les glaces de l'hiver. Cette saison nous frappe-t-elle de ses rigueurs, l'espérance nous montre le retour d'un temps plus doux, et jamais notre attente ne fut trompée.

En est-il ainsi des promesses des hommes réunis en société pour s'aider mutuellement, ils se dévorent entr'eux, jurent d'être fidèles les uns envers les autres, de l'être au chef de l'Etat, foulent aux pieds leurs sermens, les prodiguent à d'autres et les violent encore; une suite d'événemens, résultats malheureux des troubles populaires place-t-elle au premier rang un chef audacieux, il promet le bonheur en montant les degrés du trône, s'y asseoit, et ses sermens sont aussi-tôt rompus que prononcés; avant il ambitionnait une place dans l'Etat; l'Etat lui est soumis, mais il ne peut plus lui suffire, et il faut en reculer les limites au-delà de toutes les bornes.

A ces traits, on reconnaît l'ambitieux pour arriver aux fins qu'il se propose; les entreprises les plus téméraires, celles qui compromettent à la fois et le salut de ses armées et celui de la patrie, ne présentent aucun obstacle à ses desseins insensés. Cependant, qu'arrive-t-il? La victoire en apparence fidèle à ses vœux, finit par le trahir; ce que le fer, le feu et les maladies ont épargné, la rigueur des saisons le moissonne, mais rien ne peut arrêter les accès de son délire; aux débris de plusieurs armées, il joint des armées nouvelles, alors les campagnes restent sans culture, les manufactures sans bras, les villes sans commerce, et le peuple languissant au milieu de tels désastres, se trouve sans moyens et sans force pour soutenir tant de maux réunis sur sa tête. Voilà donc le résultat de ces grandes combinaisons, de ces victoires si éclatantes, enfin, de ces vastes projets qui, en bouleversant le monde, devaient le rendre heureux.

Siècles passés, législateurs habiles, rois qui fûtes les pères de vos peuples, vous ne connûtes donc jamais ni l'art de faire des lois, ni celui de régner; oh! vous qui viendrez après nous, vous frémirez aux récits de nos malheurs; qu'ils vous servent de leçons; tel doit être le sort des peuples qui, aveuglés par l'éclat d'une fausse gloire, se nourrissent de la fumée dont elle s'enveloppe.

Passeront-ils à la postérité ces monumens consacrés à éterniser de si grandes victoires, lorsqu'elles sont éclipsées par des défaites plus grandes encore? Que diront, ces arcs de triomphes, ces colonnes, ces pyramides, s'ils subsistent après nous; ne laisseront-ils pas aux siècles à venir un livre toujours ouvert dans lequel ils liront avec effroi, quelle fut la cause de nos malheurs, comme des maux qu'ils auront à supporter après nous.

Mais où sont donc ces antiques monumens, dont l'absence excite nos justes regrets ? Celui surtout qui attirait nos regards toujours attendris, qui portait au fond de notre cœur ce sentiment si doux qu'accompagne l'amour; je veux dire la reconnaissance, tel est en ce moment l'état de mon âme: oui, ma pensée me retrace l'image d'un prince digne d'être chéri, je la cherche cette image; ou plutôt je ne cherche que le bronze qui représentait Henri; car si des méchans ont pu renverser la statue que le temps eut respectée, l'éternité conservera ses traits à l'idée de tous ceux qui l'entendront nommer. Heureux les âges assez rapprochés de son siècle pour avoir ressenti les bienfaits qui honorent son règne! qu'ils sont loin de nous ces emps de félicité, méconnus peut-être de ceux qui en jouissaient, car on ne sent le bonheur qu'il y a de vivre sous un bon roi qu'alors qu'on vient à le perdre; combien les maux que nous avons éprouvés, ceux qui nous menacent encore, doivent nous faire regretter ces époques qui ne sont plus pour nous que des songes.

Après tant d'années passées dans les plus cruelles angoisses, où sommes-nous arrivés? Nous ne sommes plus aux jours où trompés par les récits pompeux de quelques victoires, toujours trop chèrement payées, les voûtes de nos temples retentissaient des cris d'une barbare allégresse; ces jours de fêtes, où réunis en présence d'un Dieu de paix mort pour tous les hommes, on se prosternait devant un seul, qui, par la guerre les sacrifiait tous à sa funeste ambition; avait-il donc une mère, une épouse, des enfans et des frères, celui qui, étouffant dans son cœur les doux sentimens de la tendresse filiale et paternelle, exposait tous les siens aux horreurs d'une vengeance qu'il n'avait que trop provoquée?

C'est ainsi qu'enivré par des succès passagers, trompés sur des pertes, telles qu'un siècle ne pourrait les réparer, on voit une nation descendre du rang trop élevé auquel elle prétendait, en s'approchant de sa dissolution s'exposer aux derniers des malheurs.

Nation égarée, que sont devenus ces temps heureux, où tranquilles au sein de nos familles nous n'avions pas à craindre qu'on nous en arrachât malgré nos goûts et nos habitudes. Ces temps, où chacun exerçant une profession honorable, n'était point forcé de la quitter pour courir aux armes, non pour défendre sa patrie, mais pour aller attaquer sans cesse toutes les nations de l'Europe avec lesquelles il nous eût été si doux de vivre en paix.

Qu'importe à tant de familles désolées la perte de leurs fils, celle de leur fortune, l'existence de cette multitude de monumens propres à perpétuer d'âge en âge un système barbare, qui n'admet plus d'autre mérite, ou qui place au premier rang de tous, celui qu'on n'obtient que par le meurtre de ses semblables; quelle gloire que celle acquise à un tel prix! Voyez de toutes nos conquêtes ce qui nous reste. Ah! dans notre douleur profonde, transmettons à ceux qui viendront après nous cette pensée si éloquente, et dont la triste expérience nous démontre toute la vérité.

« Les conquérans ne sont pour la plupart » que des instrumens de la vengeance divine,

» Dieu exerce par eux sa justice, et puis il » l'exerce sur eux-mêmes ».

Bossuet, discours sur l'Histoire universelle.

Telle est donc la force de cette justice et sa puissance que ceux qui l'outragent, sont inévitablement atteints par elle; déjà l'histoire du passé nous en offre de grandes preuves; mais il était réservé à notre siècle d'en donner une preuve nouvelle et plus frappante encore.

Rappelons à notre souvenir ces jours de trouble et d'effroi; cette époque où la capitale menacée par des forces considérables, ne présentait plus que le simulacre d'une défense inutile, que de mensonges entassés les uns sur les autres pour tromper un peuple depuis si long-temps toujours prêt à l'être; il suffisait, disait-on, de se montrer pour mettre en fuite une poignée d'assaillans, repousser les débris d'une armée presque anéantie; alors les plus timides mêmes, comme les plus crédules s'avancent, trompés à la fois et sur les forces de l'ennemi, et sur les moyens adoptés pour l'arrêter dans sa marche: chacun croit l'entreprise facile et la victoire certaine; cependant l'erreur cesse après quelques heures de combats qui eussent été inutilement prolongés, la vérité est connue, c'est une armée formidable qui s'avance, et rien ne peut plus s'opposer à son passage; les faibles barrières de la ville vont être franchies, et les horreurs de la guerre si long-temps éloignées d'elle, vont enfin la frapper. Au-dehors, le carnage est horrible, au-dedans règne la terreur et la consternation est partout.

Oh! coup imprévu de la providence, l'heure qui allait consommer la perte de cette grande cité, est aussi celle qui assure à la fois et son repos et celui de l'Europe; le vainqueur loin de mettre sa gloire dans les tristes effets du ressentiment la trouve dans sa clémence: à tant d'horribles journées en succéde une qui semble être un jour de fête; l'entrée du prince dont le nom passera à la postérité avec gloire, n'est point celle d'un conquérant, mais d'un libérateur; pressé par la foule, il ne craint point qu'on l'approche, et la confiance qu'il montre est égale à celle que son air affable inspire.

A ce passage subit de la terreur que fait naître le bruit des armes succède le calme que donne l'espérance de la paix; quelque chose cependant manque à notre bonheur, et inspire de nouvelles inquiétudes. Jouets des factions, victimes de celui qui s'éleva dans leur sein, qu'elle sera désormais la bannière que nous devrons suivre?

Le même vœu est dans l'âme de tous les vrais Français; mais, comme absorbé par l'habitude de l'esclavage le plus honteux, on semble encore craindre de le prononcer.

Honneur au magistrat qui le premier fit entendre le nom d'un prince digne précurseur du roi de France, combien nos cœurs furent émus par le récit des événemens de cette journée mémorable, consacrée à recevoir dans le port d'une ville célèbre cet illustre prince. Heureuse cité qui, partageant nos vœux, les exprima si bien, et fit retentir d'une contrée de la France à l'autre, le cris de tous les cœurs, vive le roi! vive les Bourbons !

Ce n'est plus ici l'inconstance qui, trop longtemps, dirigea notre marche incertaine qui nous conduit, nous ne sommes plus à ces tristes époques où à peine sortis d'une horrible tyrannie, nous retombions dans une autre, nous y soumettant même avec joie, croyant toujours échapper aux dangers qui tôt ou tard devaient nous atteindre.

Si nous remontons à l'origine de nos maux et si nous en calculons l'étendue, nous reconnaîtrons facilement que si nous ne revenons au point d'où nous sommes partis, nous serons toujours exposés à de nouveaux malheurs. Que ceux qui doutent de cette vérité, en ne prenant point pour base leur intérêt personnel, que ceux-là, dis-je, consultent l'expérience, elle leur apprendra qu'une révolution sous un gouvernement paternel qui existe depuis des siècles, entraîne la perte de l'Etat. Ils reconnaîtront que ceux qui provoquent une révolution sont bien coupables, et ceux qui les secondent bien pusillanimes; enfin, que l'égoïsme qui détruit tout sentiment d'amour pour son pays peut porter l'homme atteint de cet horrible vice à tous les crimes. Que d'exemples sont propres à démontrer cette fâcheuse vérité.

Après tant d'années de désastres, suites de l'oubli des vrais principes, quelle main puissante viendra donc en réparant nos maux nous les faire oublier, et quelle sera sa force? Ah! n'en doutons point, elle sera dans les œuvres d'un bon roi et dans nos cœurs. La paix en accompagnant ses pas, n'est-elle point le premier bienfait qu'il répand sur nous. En est-il de plus désirable? Non, puisqu'elle est la source de tous les autres.

Par les vœux que nous formons pour le bonheur de notre patrie, secondons les efforts de celui qui écarte de nous les horreurs de la guerre. Que Louis, en préparant à nos descendans les avantages d'une longue paix, trouve dans nos cœurs les sentimens de la plus vive reconnaissance.

Rendus à nos premiers penchans, ils ne seront plus contrariés par des lois barbares et destructives de l'industrie; le fils en embrassant l'Etat de son père ne le quittera plus pour aller s'opposer aux succès de ses entreprises, contribuer à la ruine de ses frères et à la sienne. L'artisan reprendra ses travaux, le négociant paisible au sein de sa famille verra renaître ses relations au-dehors, et les mers depuis trop long-temps converties en barrières insurmontables, offriront aux nations les moyens de se rendre mutuellement heureuses; le temps viendra sans doute où les rivalités cesseront de troubler l'union qui doit régner entre les habitans d'une rive et ceux d'une autre; la providence, en accordant à tous, des dons qui diffèrent essentiellement entre eux, ne leur a-t-elle donc pas assez indiqué que les uns étaient utiles au bonheur des autres; loin d'être jaloux de l'industrie de ses voisins, chacun se bornera à perfectionner l'art dans lequel il peut exceller, et d'heureux échanges garantiront à tous les fruits de leurs veilles.

Ce n'est point ici un tableau imaginaire du bonheur que notre génération peut préparer à celles qui la suivront; s'il ne nous est pas permis de jouir de ce bonheur, ne nous en prenons qu'à nous-mêmes; si nous avons à souffrir de nos erreurs, au moins ne prolongeons pas la cause des maux qui en seraient les suites inévitables long-temps encore après nous.

Sans doute, lorsque le mal est à son comble le remède est difficile, mais une union parfaite peut au moins concourir à l'opérer. Combien ils seraient coupables ceux qui, ennemis de leur pays et d'eux-mêmes, seraient assez barbares pour former des vœux contraires à ceux de toute l'Europe. Que ceux-là descendent au fond de leur cœur; s'il en écartent un sentiment d'égoïsme dont il est souillé, la vérité, en les éclairant les rendra enfin à eux-mêmes. Est-il donc attaché à sa patrie, celui qui, imbu des principes affreux qui l'ont conduite à sa ruine, verrait avec peine le moment où, abjurant ces mêmes principes, sa patrie aspirerait à recouvrer son antique splendeur. L'état de choses qu'il regrette était-il donc de nature à résister au temps qui renverse tout, et plus particulièrement encore ce qui est contraire à la justice et à la raison. Sont-ils donc ceux-là si partisans de la guerre que ce qu'elle a d'épouvantable ne puisse les en rassasier.

Beaucoup d'intérêts particuliers peuvent être froissés sans doute; mais si le bonheur du petit nombre repose sur le malheur d'un plus grand, faut-il donc que ces derniers soient sacrifiés à l'ambition des autres?

Que celui qui est frappé par les événemens ouvre les yeux, et n'accuse que le véritable auteur de ses maux; combien dans leur aveuglement déjà se plaignent les uns, de ce que la voie des honneurs et les autres celle de la fortune, leur est également fermée; que ceux-là recherchent quelles circonstances en ont tant élevés au faîte des grandeurs qu'ils regrettent, aux voies qu'ils ont employées pour amasser des fortunes aussi considérables que mal acquises, qu'ils consultent enfin les lois de l'honneur, et voient ensuite s'ils voudraient être grands et riches au même prix. Nous avons à redouter de grandes privations, mais au moins l'espoir d'un temps plus heureux se présente à notre pensée; sous le gouvernement d'un prince sage et éclairé, qui a des rois pour aïeux, et aura des rois pour successeurs: tout nous en offre la garantie.

Reconnaissance envers la nation qui, pour

sa gloire et trop long temps pour notre félicité, nous conserva le dépôt le plus précieux et le plus cher à tous les bons Français ; qu'une éternelle union soit pour elle comme pour nous le premier avantage que tant d'autres vont accompagner ; rendons grâce à la providence qui, mettant un terme à des siècles de divisions, va faire succéder des siècles d'un attachement sincère que rien ne pourra plus rompre ; qu'une heureuse paix règne entre toutes les nations, qu'elle règne aussi dans nos cœurs et en écarte tout germe de discorde : qu'enfin une sainte union fasse désormais notre force, non pour détruire, mais pour réédifier ; nous verrons alors le vaisseau de l'Etat battu par de si fréquentes tempêtes retrouver le calme sans lequel il n'est point de bonheur.

Braves défenseurs de la patrie, vous qui avez affronté tant de dangers, un autre genre de gloire se présente sous vos pas. Celle-là, en assurant votre repos, vous prépare des jours qui, sans doute seront heureux ; trop longtemps vos cœurs ont dû souffrir des désastres qu'entraîne la guerre, que la paix, en rendant une partie d'entre vous à vos parens, y ramène aussi de tendres fils dont l'absence fait depuis tant d'années gémir les familles, près d'elles des établissemens vous attendent, au sein d'un ménage tranquille et prospère, vous sentirez qu'il est bien plus doux de vivre avec les sentimens qu'inspirent l'union conjugale et la tendresse paternelle, que d'être sans cesse tourmenté par les horribles effets de la haine et de la vengeance, qui font de la vie un supplice continuel; combien un tel état est affreux. Oh! qu'il est à plaindre celui qui peut le supporter sans remords.

Certes, le courage et l'intrépidité des armées a dans tous les temps mérité la reconnaissance des peuples, mais c'est lorsque se sacrifiant pour leur pays, elles s'exposent à de grands dangers pour le défendre; si au contraire celui qui s'empare des rênes de l'Etat le conduit à sa perte, que le vœu légalement reconnu de la nation se manifeste contre ses projets et en arrête le cours; ces mêmes armées, dont ceux qui les composent sont les enfans de la patrie, doivent lui rester fidèles et se soumettre aux lois qu'elle leur dicte; elles le doivent surtout, lorsqu'elles sont exprimées par un souverain légitime dont la trop longue absence n'a pu restreindre les droits.

Que ceux qui resteront sous leurs drapeaux y observent une exacte discipline. Qu'ils montrent aux nations, qu'après avoir été braves pendant la guerre, ils savent de même être fidèles à leurs devoirs pendant la paix; qu'ils sont les plus fermes appuis du repos des familles, enfin que s'ils ont éprouvé cet ardent désir de la gloire, qui a coûté tant de larmes à l'humanité, ils savent lui préférer les douceurs du repos qui seul peut assurer son bonheur.

Jeunes gens, que les erreurs dans lesquelles il est si facile de tomber à votre âge, cessent enfin de vous entraîner vers votre perte: si la gloire qu'on obtient dans les combats a pour vous tant de charmes, entendez au moins le récit des horreurs qu'ils entraînent; déjà en deuil de vos aînés, quelle est donc cette fureur qui vous porterait à les suivre, ou bien en faisant de nouvelles victimes, vous exposerait à l'être à votre tour, la guerre est-elle donc un état de nature ? Non, et si elle ne l'est pas, pourquoi la préférez-vous à tant d'autres qui concourent à la prospérité des nations ? Soyez laboureurs, savans, artistes et ouvriers, c'est de l'harmonie qui règne entre tant de professions diverses que nait le bonheur des Etats.

Citoyens de toutes les classes, vous qui, depuis tant d'années, vous occupez bien plus de la destinée des Empires que du soin de vos propres affaires, reprenez vos anciennes habitudes, souvenez-vous que c'est parce que tout le monde a voulu gouverner que nous l'avons été si mal; que si chacun fût resté au poste, que sa naissance et ses talens lui assignaient, nous n'eussions pas vu naître les troubles qui nous ont si cruellement agités. Non le grand œuvre de la régénération du monde n'était point notre ouvrage, si tant d'années d'erreurs ont pu nous le faire croire, combien il a fallu ensuite peu de temps pour nous détromper.

Pères de familles, en changeant les bases de l'éducation de vos enfans, préparez-leur des jours plus tranquilles, et pour eux et pour vous; que chacun, en se livrant à l'état auquel il est propre, cesse de voir le seul chemin de la gloire au milieu des combats. Une nation a besoin d'armées, mais c'est pour se défendre, et elle doit respecter l'indépendance de ses voisins; admettre d'autres principes c'est leur enseigner qu'ils peuvent aussi les adopter, et s'exposer tour à tour aux chances des guerres les plus injustes. Que d'exemples démontrent qu'elles sont toujours funestes à ceux qui les provoquent!

En tout c'est la fin qu'il faut voir; l'expérience du passé nous en fournit assez de preuves. Quel fut dans tous les temps le résultat des révolutions ? Toujours après de longues divisions d'enhardir le plus adroit, le plus téméraire à s'emparer d'un pouvoir légitime, qui cesse de l'être tant qu'il est entre ses mains, que rarement il n'abuse point de son pouvoir, parce que, ayant beaucoup osé, il se croit ensuite tout permis. Pour nous, victimes de nos fautes passées, il nous reste à réunir tous nos efforts pour faire cesser la cause du mal et en préparer le remède.

Qui veut la fin veut aussi les moyens. Ces moyens nous les trouverons dans notre soumission aux décrets de la Providence, dans l'accord parfait qui devra s'établir parmi nous, enfin dans notre sincère attachement aux lois et au prince, dont jamais les intérêts ne furent plus intimément liés à ceux du peuple.

Paix et espérance pour nous, bonheur pour nos enfans, qu'ils éloignent à jamais d'eux toute idée contraire à l'ordre qui se rétablit; que la famille régnante trouve dans leurs descendans des sujets fidèles, comme nous comptons parmi ses ancêtres des princes dignes de notre admiration et de notre reconnaissance.

FIN.

www.ingramcontent.com/pod-product-compliance
Lightning Source LLC
LaVergne TN
LVHW010300230826
846091LV00007B/3074

9782011782526